AF411011

COMMISSION DÉPARTEMENTALE

DE SEINE-ET-MARNE

POUR L'EXAMEN DE

L'EXPOSITION UNIVERSELLE DE LONDRES

En 1862

———

PARIS

IMPRIMERIE ADMINISTRATIVE DE PAUL DUPONT

45, RUE DE GRENELLE-SAINT-HONORÉ

1863

ORGANISATION DE LA COMMISSION

M. DROUYN DE LHUYS, *président.*

Première section.

M. JOSSEAU, député, *vice-président.*

Deuxième section.

M. le Comte DE COURCY, membre du Conseil général, *vice-président.*

Troisième section.

M. le Baron DE BEAUVERGER, député, *vice-président.*

Quatrième section.

M. GAREAU, député, *vice-président.*

Cinquième section.

M. le Comte DE PONTÉCOULANT, *vice-président.*

COMMISSION DÉPARTEMENTALE

DE SEINE-ET-MARNE

POUR L'EXAMEN DE

L'EXPOSITION UNIVERSELLE DE LONDRES EN 1862

PREMIÈRE SECTION [1].

(INDUSTRIE.)

Meunerie. — Industrie meulière. — Machines. — Chaux, Ciments, Plâtre, Tuyaux, Tuiles et Briques. — Chimie agricole. — Papeterie. — Céramique. — Lin et Chanvre. — Tissus. — Peaux et Cuirs. — Instruments de drainage.

Monsieur le Préfet,

Nous venons vous rendre compte des travaux de la première section de la commission départementale appelée par vous, en vertu des instructions de la commission impériale

---

(1) *Vice-Président :* M. JOSSEAU, député.

Membres :

MM. Carro fils, ingénieur des ponts et chaussées, à Meaux.

Dufav fils, fabricant de papiers, à Cercanceaux.

Delacroix, ingénieur des ponts et chaussées, à Coulommiers.

Kastner, fabricant de tissus imprimés, à Claye.

Lavarus, membre du Conseil général, maire à Montigny-sur-Loing.

MM. L. de Mausson, adjoint au maire de Coulommiers.

A. Papillon, meunier à Fresnes.

Ern. Pépin-Lehalleur, propriétaire-cultivateur, à Coutençon

Régnard, ingénieur, à Fontainebleau.

Theurey, membre du Conseil général, fabricant de meules, à la Ferté-sous-Jouarre.

de l'Exposition universelle de Londres, à étudier cette exposition au point de vue des intérêts du département de Seine-et-Marne.

Qu'il nous soit permis tout d'abord, Monsieur le Préfet, de rendre hommage à la haute et féconde pensée qui a institué, au profit de plusieurs départements, ces enquêtes utiles, ces études spéciales destinées à éclairer, à stimuler, sur tous les points de l'empire, l'agriculture, l'industrie, les arts. Cette diffusion si sagement organisée des lumières et des enseignements de toutes sortes qui devaient jaillir du troisième rendez-vous universel de l'industrie humaine ne peut manquer, en pénétrant jusqu'aux derniers rangs du travail, de produire les plus heureux résultats. Grâce à cette variété et à ce vaste ensemble de travaux dirigés en vue des nécessités et des aptitudes locales de chaque région, il n'est pas un de nos agriculteurs, pas un de nos industriels qui ne soit mis à même de tirer de la dernière Exposition de Londres précisément la leçon qu'il y aurait cherchée s'il avait pu se transporter au palais de Kensington.

L'institution des commissions départementales était assurément le meilleur moyen de démêler, de reconnaître et de signaler au milieu d'une si prodigieuse accumulation de richesses naturelles et de chefs-d'œuvre dus à la main de l'homme, ce qui pouvait plus particulièrement intéresser et instruire les habitants de chacune de nos divisions territoriales.

Nous avons été heureux de coopérer à cette œuvre toute nationale ; et ce n'est pas sans un certain sentiment de fierté que nous avons parcouru les immenses galeries de l'Exposition de Londres, l'esprit tout préoccupé des intérêts du département de Seine-et-Marne, dont quelques industries tiennent dans le monde entier une place si importante , sinon par leur éclat, du moins par leur inappréciable utilité.

Nous n'avons pas besoin, d'ailleurs, de faire remarquer combien, dans les conditions nouvelles créées par de récents traités de commerce, il était utile pour nous d'examiner de près et de marquer avec soin les progrès accomplis jusqu'ici par les nations étrangères et la situation exacte des diverses industries chez les peuples nos concurrents en l'année 1862.

C'est dans cet esprit que nous avons abordé la tâche qui nous a été confiée.

Pour mieux la remplir, nous avons réparti entre chacun de nous les matières qui composaient le progamme de la première section.

M. Theurey a rédigé les observations relatives à l'industrie des pierres meulières ; M. Auguste Dufay celles concernant la papeterie et la chimie agricole ; M. Lavaurs a rendu compte de la céramique et des machines; M. A. Papillon de la meunerie ; M. Kastner de l'industrie des tissus ; et M. Delacroix des instruments de drainage et des questions y relatives.

Ce sont les notes que ces honorables collègues ont bien voulu me remettre, qui, jointes aux observations que j'ai moi-même recueillies sur la fabrication de la chaux, sur celle des peaux et cuirs et sur l'industrie du lin et du chanvre, forment les éléments du présent rapport.

Nous l'avons divisé tout naturellement en autant de paragraphes qu'il y a eu d'industries étudiées, à Londres, par les membres de la première section de la commission départementale.

§ I.

MEUNERIE, CONSTRUCTION DES MOULINS, FABRICATION DE LA FARINE.

L'industrie farinière, l'une des premières industries de notre département, était incomplétement représentée à Londres. Tout ce qui concerne la construction des moulins laissait beaucoup à désirer et n'approchait pas du degré de perfection que l'on remarque dans d'autres industries.

La mouture des grains est, il est vrai, d'une importance secondaire chez nos voisins, et il est facile de le constater par les produits qu'ils livrent à la consommation ; cependant nous croyons avoir le droit d'être surpris que nos constructeurs français ne se soient pas, à l'avance, rendu compte de leur supériorité dans cette partie, et n'aient pas eu l'idée d'exposer, en concurrence avec une multitude de petits moulins et de pièces détachées, un spécimen complet de notre méthode française pour le nettoyage des grains, leur mouture et le blutage des farines. Ce spécimen, nous en sommes convaincu, aurait été infiniment supérieur à presque tout ce que nous avons vu dans ce genre d'industrie ; il y aurait fait apprécier l'importance attachée chez nous au travail des blés et les soins apportés pour fabriquer le bon et beau pain que nous aimons tant et qui forme la base première de l'alimentation française.

Examinons séparément et rapidement chacune des parties composant le mécanisme et le matériel servant à fabriquer et à convertir le blé en farine.

1° Mécanisme général. — Le système des petits moulins servant pour une seule exploitation semble très-répandu en Angleterre, si l'on en juge par le grand nombre de constructeurs qui ont exposé des moutures n'ayant qu'un seul tournant avec ou sans la petite bluterie sur le côté ; cette bluterie, contenue dans un espace trop étroit, divise mal et rend les produits fabriqués dans un état peu satisfaisant.

Ces petits moulins, ainsi que quelques autres ayant seulement deux paires de meules, sont généralement très-bien construits et laissent peu à désirer comme travail d'ajustage et de fabrication mécanique ; le bois y est très-peu employé, et, dans quelques-uns, jusqu'à l'archure même, tout est en tôle, fonte ou fer.

Chez nous, aujourd'hui, on préfère le système des meules gisantes en dessous. Chez les Anglais, l'indécision règne encore ; les deux systèmes sont employés suivant le goût de chaque constructeur. Nous avons cru remarquer cependant que le plus grand nombre préfère, comme nous, mettre la courante en dessus et la gisante en dessous.

Chacun de ces petits moulins est garni de son appareil pour lever la meule quand elle a besoin d'être rhabillée. L'appareil se compose le plus souvent d'une tige cintrée en fer adaptée au bâti, à l'extrémité de laquelle est une douille filetée pour le passage de la vis supportant le cercle en fer qui doit embrasser la meule.

Nous n'avons rien vu, dans le palais de Kensington, qui nous indiquât que les meules verticales employées dans quelques usines de notre département, et notamment à Meaux, pour la fabrication des gruaux, fussent employées ou seulement connues en Angleterre.

2° NETTOYAGE. — Les nettoyages anglais, au moins à en juger par ce que l'on voit à l'Exposition, sont beaucoup moins complets et moins énergiques que les nôtres. Généralement ils se composent d'une seule colonne, d'un seul ventilateur et d'un seul crible. Par là l'opération est beaucoup simplifiée, il est vrai ; mais on ne peut de cette manière obtenir un travail parfait, parce que la pression et la puissance nécessaires à une seule colonne pour nettoyer convenablement le blé suffiraient aussi à le briser, et le bon grain cassé s'en irait aux criblures. Il est donc nécessaire de reprendre le blé dans plusieurs colonnes, cribles et ventilateurs, afin de n'employer chaque fois que la force suffisante pour le gratter et le nettoyer sans le briser.

Un seul nettoyage, exposé dans la section belge, se rapproche beaucoup de ceux que l'on emploie aux environs de Paris et semble remplir à peu près toutes les conditions désirables pour rendre le grain propre à la mouture; mais il n'est pas assez parfait pour diminuer nos regrets de n'avoir pas vu nos constructeurs se piquer d'émulation et rivaliser avec nos voisins.

Les colonnes anglaises sont cônes ou cylindriques, et là, comme ici, on ne semble pas avoir pensé qu'une forme vaille mieux que l'autre; la tôle râpe est remplacée par un treillis mécanique en fil de fer assez fort. Cette méthode doit avoir plus de durée; mais à coup sûr elle a moins d'énergie; car les aspérités sont moins graveleuses et ont moins de travail que la tôle piquée.

On ne voit pas, à l'Exposition, de trayeurs de moulins pour les graines sphéroïdales ou aplaties; cela tient sans doute à ce que les blés livrés au commerce y sont moins engagés, ou plutôt à ce que les fabricants tiennent moins qu'ici à la beauté de leurs produits.

Tout le monde sait, du reste, que, surtout à Londres, quand les boulangers veulent blanchir la farine, ils emploient de l'alun ou d'autres substances. Ces substances sont toujours proportionnées à la mauvaise qualité de la farine qu'elles doivent blanchir; de cette façon, le pain le plus indigeste a la même apparence que le pain le meilleur.

3° Meules. — Il sera parlé § 2 de cette partie si importante dans la construction des moulins. Rappelons seulement ici que les meules servant à moudre le grain sont le plus souvent françaises par l'origine de leur pierre et quelquefois par leur fabrication; l'Angleterre ne produit que de la pierre trop pleine, qui laisse beaucoup à désirer, et qui ne remplace qu'imparfaitement celle de la France, surtout celle de notre département.

Le rhabillage est, comme le nôtre, variable suivant la pierre et la mouture et se rapproche beaucoup de celui que nous employons.

4° Bluteries. — Les bluteries ne sont pas bien représentées. Les gravures seules des catalogues en donnent une idée; quelques-unes ressemblent aux nôtres, mais le plus grand nombre a une inclinaison plus grande dans le coffre, et souvent la soie est remplacée par de la tôle perforée et du treillis en fil de fer.

Plusieurs maisons françaises ont exposé de fort belles soies pour la division des farines et des gruaux.

Les cuvettes de chaînes à godets sont le plus souvent en fonte et les godets en fer-blanc.

Les chaînes horizontales (ou chemins pour mener la *boulange*) sont munies à l'une de leurs extrémités d'un appareil formé d'une vis mue par un petit volant à main, pour tendre, sans arrêter ni découdre, les courroies ou tissus. Ce dernier moyen est très-bon et paraît destiné à se propager.

5° Courroies. — Les courroies laissent peu à désirer et beaucoup de fabricants français ont envoyé à Londres des échantillons magnifiques de leur fabrication. Nous avons trouvé cette branche parfaitement représentée à l'Exposition.

6° Silos. — Les silos de différents systèmes forment une collection curieuse, mais tous ont l'inconvénient d'occasionner une dépense en disproportion avec les avantages incontestables qu'ils offrent pour la conservation des grains.

7° Pétrins. — Les pétrins mécaniques sont assez nombreux et les fabricants français, MM. Rolland, Dorez et Drouot semblent avoir présenté les meilleurs modèles.

8° Médailles. — Un grand nombre de nos principaux fabricants fournissant Paris de bonnes farines ou de bons gruaux ont présenté des échantillons de leurs produits ; ces échantillons, aussi beaux que possible, ont naturellement obtenu les récompenses qu'ils méritaient.

Le département de Seine-et-Marne, dignement représenté par quelques-uns de ses bons fabricants, a obtenu plusieurs médailles, savoir : MM. A. Leblanc et Marnat-Solenne, chacun une médaille ; M. Prouharam, une mention honorable.

§ II.

INDUSTRIE MEULIÈRE.

L'industrie meulière, sœur de la meunerie, occupe à côté d'elle un rang distingué, pour la fabrication des produits de première nécessité.

Aussi vingt-neuf exposants de tous pays ont-ils envoyé à l'Exposition de Londres chacun une ou plusieurs meules et des échantillons préparés de leurs pierres meulières.

Dans ce nombre figurent la France pour dix-sept exposants, l'Angleterre pour six, la Belgique, la Grèce, le Hanovre, la Hongrie, la Prusse et la Saxe, chacun pour un exposant.

Sur les dix-sept exposants français, la ville de La Ferté-sous-Jouarre (Seine-et-Marne) en compte à elle seule près de la moitié. Le reste se divise entre la Dordogne, Eure-et-Loir, la Gironde, Indre-et-Loire et la Sarthe.

On ne peut préciser de date certaine à la découverte du silex meulière de La Ferté-sous-Jouarre. Des titres, remontant à plus de 400 ans, établissent que des exploitations de meules y étaient faites ; mais pendant de longues années cette industrie ne prit aucun développement. Ce n'est que vers 1750 que la supériorité des pierres siliceuses de La Ferté commençant à se faire connaître, leur usage s'est étendu de plus en plus, et qu'un commerce régulier s'est établi.

Dès lors, la réputation du silex de La Ferté-sous-Jouarre n'a fait que grandir en France. L'Angleterre, puis l'Amérique l'ont adopté, et, depuis quarante ans environ, l'industrie meulière y a pris une telle importance, qu'il est permis de dire que non-seulement toute l'Europe, mais encore le nouveau monde, sont aujourd'hui ses tributaires.

On comprend que cette heureuse position ait dû susciter bien des rivales aux carrières de La Ferté-sous-Jouarre. En effet, des recherches furent faites, des essais plus ou moins heureux furent tentés en France et à l'étranger pour découvrir de semblables pierres précieuses, et ce sont en grande partie les produits de ces recherches qui figurent au palais de l'Exposition.

Examinons donc les échantillons de pierres de toute provenance qui s'y trouvent ; il sera facile de se rendre compte des différences qui existent dans ces diverses natures de roches siliceuses.

Silex meulière de La Ferté-sous-Jouarre (Seine-et-Marne). — Ce silex présente une infinité d'aspérités parfaitement disposées, ressemblant à une série de petits taillants à lames fines ; ce qui fait dire que la pierre de La Ferté est vive, ardente et ouvrière.

Elle a surtout le mérite de prendre bien le marteau, de conserver plus longtemps sa rhabillure et de faire des farines plus blanches qu'aucune autre pierre rivale.

Silex de la Dordogne. — Ce silex est régulier, mais on reconnaît que les molécules ne présentent pas de taillants aigus. Les angles sont arrondis et n'offrent pas de résistance au travail.

Silex d'Eure-et-Loir. — Pierre courte et généralement sans vivacité. Elle est régulière, elle flatte l'œil, mais elle est plus propre à la mouture des corps durs que des blés. Ses bas prix lui donnent une certaine vogue à l'étranger.

Silex de la Gironde. — Mêmes observations que pour celui de la Dordogne, avec lequel il a beaucoup d'analogie.

Silex d'Indre-et-Loire. — Pierre douce, sans vivacité et sans nerf ; elle se lisse au travail et ne tient pas sa rhabillure.

Silex de la Sarthe. — Ce silex ne présente pas la même texture que celui de La Ferté. Les molécules ne forment pas de taillants naturels aussi bien disposés, et ce n'est qu'à l'aide du marteau qu'on donne l'éveillure à cette pierre. Ce silex est régulier, il plaît à l'œil et il s'est fait une certaine réputation en Angleterre, où l'on tient moins qu'en France à avoir des farines blanches.

Silex d'Angleterre. — Les six exposants anglais n'ont tous mis à l'Exposition que des meules composées de pierres de provenance française. Elles ne doivent donc y figurer que comme importation, et c'est assurément la meilleure manière de reconnaître la supériorité du silex de France sur tous les autres.

Silex de Belgique. — Ce silex ne peut être comparé aux belles pierres meulières de France. Il manque de régularité et d'homogénéité. Il ne présente pour ainsi dire aucune vivacité. Il se laisse facilement polir.

Les meules fabriquées avec ce silex exigent un fréquent rhabillage et font peu de travail.

On a cherché à leur donner de la vogue à l'étranger ; mais ces meules, même en Belgique, sont remplacées généralement dans les principaux moulins par celles de La Ferté.

Silex de Hongrie. — Pierre rougeâtre plus poreuse que celle de Belgique, et ayant encore moins de vivacité. Elle ne tient pas sa rhabillure.

Roches volcaniques d'Andernach. — A défaut de pierres meulières, on se sert dans certaines localités voisines des bords du Rhin, des pierres provenant d'une roche volcanique poreuse. Mais cette roche ne possède aucune des qualités requises par la meunerie ; car à l'usage les pores se remplissent facilement de farine, et la surface, qui devient polie, ne possède pour ainsi dire plus aucune qualité mordante sur le blé.

Ces observations s'appliquent aux pierres de roches volcaniques de la Grèce.

Grès et granits. — Enfin dans le Hanovre et dans d'autres contrées (nous n'osons pas dire dans certains départements de la France même, très-arriérés pour la mouture), on se sert de meules fabriquées avec des pierres de grès ou de granit. Ces meules, malgré leur très-forte épaisseur, s'usent extrêmement vite; car les grès et les granits se désagrégent facilement. Elles n'offrent donc d'autre avantage que celui de permettre aux meuniers qui les emploient de mélanger ainsi avec les farines du sable fin qui n'est bon qu'à donner au pain des effets nuisibles.

L'Italie et l'Espagne, qui n'ont pas exposé de pierres meulières, font aussi usage de meules de granit ou de grès; mais dans ses contrées, comme dans toute l'Allemagne, et particulièrement en Prusse, tous les moulins bien montés mettent de côté les pierres de grès, de granit et de roches volcaniques pour adopter les meules de La Ferté-sous-Jouarre.

A l'appui de ces observations nous mettrons les lignes suivantes empruntées à la *Revue des sciences* :

« A vingt kilomètres à l'est de Meaux en Brie, et dans la vallée de
« la Marne, se trouve une petite ville, qui comp'e quatre mille habi-
« tants environ : c'est La Ferté-sous-Jouarre, célèbre de temps immé-
« morial par ses gisements de pierres meulières. Il existe bien en
« France, en Allemagne, en Italie, etc., etc., des carrières d'où l'on tire
« la pierre qui sert à moudre les céréales; mais les produits ne peuvent
« soutenir la moindre concurrence ni la moindre comparaison avec
« ceux de la vallée de la Marne. Ainsi, sur les bords du Rhin, la fa-
« meuse lave de Nieder-Mendig, près d'Andernach, sert seule à la
« fabrication des meules de moulins; en Sicile et en Calabre, ce sont les
« laves poreuses de l'Etna ; en Piémont, les laves talqueuses avec gre-
« nat; ailleurs, des granits et même des grès. »

« Le plateau de La Ferté-sous-Jouarre, dit le naturaliste Lucas, est
« depuis longtemps renommé pour les exploitations de pierres meulières.
« Il s'étend jusqu'à Epernay et Montmirail. La meulière de ce plateau
« repose sur le calcaire grossier marin, qui est recouvert dans quelques
« points par des marnes gypseuses et par des bancs de gypse.

« Le milieu du plateau est composé d'un banc de sable ferrugineux
« d'une extrême puissance. C'est dans cet amas qu'on trouve les meu-
« lières sans rivales en Europe. »

Ces appréciations diverses viennent en quelque sorte d'être confir-mées par le jury de l'Exposition de Londres.

Deux médailles et trois mentions honorables ont été décernées à l'in-dustrie meulière de La Ferté-sous-Jouarre : les médailles à MM. Dupety-Theurey-Gueuvin, Bouchon et Cᵉ, et Gaillard-Petit et Halbou ; les mentions honorables à MM. Bailly et Cᵉ, Gilquin et Roger.

§ III.

MACHINES.

Pour notre département, essentiellement agricole, ce sont surtout les machines servant à l'agriculture qui méritent un intérêt spécial.

De plus habiles et de plus compétents que nous ont bien voulu se charger de cette étude.

Peu industriel, ne fabricant pas de machines, n'en utilisant qu'un nombre relativement restreint, le département de Seine-et-Marne n'aurait qu'un intérêt secondaire dans l'examen de cette section de l'Exposition, si tous les genres de progrès n'étaient plus ou moins tributaires de la grande industrie des machines, sans laquelle les expositions universelles elles-mêmes ne sauraient exister.

Sans dépasser les limites restreintes que doit avoir notre rapport, nous dirons donc un mot de ces puissantes machines qui, depuis leur découverte, ont plus que décuplé la fortune publique.

Au point de vue général, on ne saurait citer aucune invention sérieuse depuis 1855. Les quelques essais tentés depuis cette époque, annoncés quelquefois avec fracas comme devant produire une révolution radicale, n'ont pas encore fait leurs preuves ; et pour nous, nous croyons que, de longtemps, rien ne remplacera la vapeur d'eau, qui, indépendamment de sa force illimitée, présente l'avantage de produire son graissage naturel, son espèce de salive (qu'on nous permette cette expression), favorisant les glissements intérieurs et prévenant tous grippements destructeurs.

Si rien de saillant comme découverte essentielle ne s'est produit depuis sept ans pour les machines, il est juste au moins de reconnaître que les constructeurs de tous les pays se sont étudiés à perfectionner leurs productions, et que chaque peuple a tenu grand compte des conditions dans lesquelles il se trouve placé.

Ainsi l'Angleterre, riche en combustible, peu préoccupée de la question économique sous ce rapport, produit généralement des machines industrielles à détente fixe, robustes, mais dépensant beaucoup de charbon et laissant à désirer sous le rapport des formes.

Le continent, au contraire (la France plus particulièrement), s'est étudié à trouver les moyens de réduire la consommation du combustible, et cette différence que nous signalons ne s'applique pas seulement aux machines fixes ; on la retrouve également, en principe du moins, dans les machines pour la marine, comme dans les machines à traction sur voies ferrées.

Machines pour la marine.

Aujourd'hui, plus encore que par le passé, la plus grande attention de l'Angleterre semble se porter sur les appareils de navigation. Les plus habiles constructeurs anglais, entre autres MM. Leard, Mansdelay fils, John Peen, ont exposé dans le palais de Kensington des machines vraiment admirables.

Tous se sont attachés à diminuer autant que possible la place réservée au mécanisme ; mais ici, comme pour les machines fixes, on s'est trop peu inquiété des moyens d'économiser le combustible. Cependant, si nous ne nous trompons, ce défaut ou cet inconvénient est double dans une question touchant à la navigation. Non-seulement il entraîne à une dépense supplémentaire toujours bonne à ménager quelque riche qu'on soit, mais encore il oblige à un approvisionnement plus considérable qui réduit d'autant l'espace libre, si précieux dans les longs voyages.

L'Angleterre, d'ailleurs, dans cette sous-section des machines pour la marine, est restée à peu près sans concurrents. Le continent n'a fourni que quatre exposants, dont deux français : M. Nylus, du Havre, et la compagnie des forges et chantiers de la Méditerranée.

La machine de M. Nylus, à deux cylindres oscillants, ne paraît être qu'une copie du système Peen : c'est la reproduction des machines employées dans la plupart des bateaux qui desservent la Tamise.

Dans l'appareil présenté par la compagnie des forges et chantiers de la Méditerranée on reconnaît le soin particulier qu'ont pris les ingénieurs de réduire, autant que possible, la dépense du charbon.

Étudié avec soin, exécuté avec une grande perfection, cet appareil a peut-être le défaut d'être trop compliqué dans son ensemble et dans ses détails, et de présenter quelques difficultés dans les manœuvres.

Il est à regretter que nos premiers établissements en ce genre de machines aient cru devoir s'abstenir. Si la maison Mazeline, du Havre, si la compagnie du Creusot s'étaient présentées au concours, le triomphe des Anglais, croyons-nous, eût été moins certain.

Locomotives.

A part l'innovation introduite par M. Ramsbotton (1), l'Exposition de 1862, pas plus que celles de 1851 et 1855, ne présente aucune invention réelle, aucune transformation radicale ; mais si le système de construction n'a subi aucun changement essentiel, on doit reconnaître que, dans cette sous-section, comme dans les machines fixes et dans les appareils de navigation, les constructeurs de tous les pays ont apporté à leur travail d'exécution un soin, un fini qu'on ne remarquait pas dans les concours précédents.

Les locomotives anglaises, comme celles de la France, de l'Allemagne et de la Belgique, sont traitées avec une grande perfection : mais chez nos voisins d'outre-Manche le système est resté le même avec les cylindres et le mécanisme à l'intérieur.

---

(1) Le système de M. Ramsbotton consiste à prendre en route et sans temps d'arrêt, dans des réservoirs placés de distance en distance, entre les deux rails de la voie, l'eau nécessaire à l'alimentation de la machine.

Nous ne voudrions pas nous prononcer sur le mérite réel de cette innovation. Nous croyons cependant, sans parler de plusieurs autres inconvéniens, que les plus grandes difficultés d'un bon entretien ne sont pas suffisamment compensées par l'économie de quelques minutes sur un trajet donné.

En France, au contraire, nos ingénieurs ont introduit de notables modifications, surtout dans la construction des machines à marchandises.

La compagnie d'Orléans, la maison Cail, la compagnie du Nord ont exposé des locomotives qui attirent, à juste titre, l'admiration des véritables connaisseurs.

Ces machines démontrent suffisamment que chez nous le progrès se continue et que nos constructeurs étudient chaque jour les moyens de perfectionner, sous le double rapport de la force et de l'économie, ces puissants instruments de richesse et de civilisation.

Il y a vingt ans à peine, la France demandait à l'Angleterre la plus grande partie de son matériel d'exploitation. Aujourd'hui, sur quatre à cinq mille locomotives qui desservent nos chemins de fer, peu ou pas du tout sont d'origine anglaise.

A l'étranger même, en Espagne, en Italie, en Russie, les machines françaises sont généralement plus estimées, plus recherchées. C'est qu'indépendamment de l'excellence de la fabrication, nous sommes parvenus à produire à des prix aussi bas que les bons fabricants anglais, les Sharp Steward, les Fairbairn, les Stephenson.

Un progrès aussi rapide et aussi complet, dans une industrie qui exerce sur toutes les autres industries une influence considérable, dans une industrie où notre pauvreté relative en combustible et en matière première semblait nous condamner à une infériorité certaine, doit rassurer les plus timides et leur donner confiance dans les conséquences du traité de commerce.

Nous ne voulons pas dire pour cela que la France sera supérieure à tous et en tout.

La nature a doté les nations de richesses naturelles qui ne sont pas partout les mêmes : le besoin de faire valoir ces richesses différentes a fait aux hommes des aptitudes différentes.

Quoi que nous fassions, nous devrons donc toujours rechercher chez nos voisins ce que nous ne saurions produire à conditions égales de prix et de qualité. Mais qu'importe que nous demandions à l'Angleterre ou à la Belgique le double ou le triple de ce qu'elles nous livraient avant

1860, si, de notre côté, nous leur fournissons trois ou quatre fois ce que nous leur fournissions avant cette même époque ?

Les échanges sont la vie du commerce et le commerce fait la fortune des États.

Le peuple qui fermerait ses frontières par des barrières prohibitives, à l'entrée comme à la sortie, serait bientôt le plus pauvre des peuples.

§ IV.

CHAUX, CIMENTS, PLATRE, TUYAUX, TUILES ET BRIQUES.

L'appréciation et la comparaison de ces produits, à l'Exposition de Londres, était assez difficile, par la raison qu'ils n'y figuraient qu'à l'état de spécimens ou d'échantillons. C'est donc beaucoup plus dans les renseignements recueillis que dans l'examen des objets exposés que nous avons trouvé la matière des observations suivantes.

Les exposants français de ces catégories sont au nombre de 25. Ils sont répartis dans trois classes différentes. Il s'en trouve dans la première, dans la troisième et dans la dixième classe.

La première classe (produits des mines, des carrières et des usines métallurgiques) a cinq exposants.

La chambre de Commerce de Chambéry-Savoie a exposé des spécimens de marbres, minerais et ciments. MM. Formaty et Ce, de Périgueux (Dordogne), ont exposé un spécimen de chaux hydraulique.

M. le docteur Guérin, de Paris (Seine), a exposé des marnes, des ciments et un nouveau plan de fours à chaux.

M. Liénart, de Mortcerf (Seine-et-Marne), a présenté un ensemble de spécimens qui nous a paru complet. Il est accompagné d'une notice explicative indiquant les types suivans :

1° Types de chaux grasse pour produits chimiques et pour constructions ;

2° Types de pierres à chaux grasse (carbonate de chaux);

3° Types de chaux hydraulique artificielle, dite de double cuisson, cuite au bois;

4° Mêmes types de chaux cuite à la houille, fabriquée par un procédé breveté, annonçant 50 p. 0/0 d'économie sur l'ancien procédé;

5° Même chaux, même procédé, mais dosée, dit-on, de façon à pouvoir résister à l'eau de mer;

6° Chaux grasse pour amendement, annoncée comme coûtant de 0 fr. 75 à 1 fr. l'hectolitre;

7° Types de chaux hydraulique durcie dans l'eau et essayée sous l'aiguille Vicat;

8° Types de vieux mortiers de chaux hydrauliques de Mortcerf;

9° Types de ciment calcaire artificiel, découvert et fabriqué à Mortcerf;

10° Types de marnes argilo-calcaires servant à la fabrication de la chaux hydraulique et du ciment;

11° et 12° deux tuyaux pour conduite d'eau, fabriqués en chaux hydraulique et ciment.

M. Parquin, de Chelles (Seine-et-Marne), a exposé un modèle de moulin à plâtre et des plâtres moulus. Voici à ce sujet ce qu'on lit dans le n° 28 du journal l'*Institut polytechnique* :

« Le moulin de M. Parquin pulvérise 6,000 kilos de plâtre par
« heure. Le poids des meules est calculé de manière à n'écraser
« que le plâtre bien cuit. Ces meules, grâce à une brisure faite à
« l'essieu, passent, sans les écraser, sur les corps durs et nuisibles.
« La simplicité du mécanisme permet de faciles réparations. Il suffit
« enfin d'une machine de 12 chevaux pour faire mouvoir quatre
« moulins. »

La troisième classe comprend deux exposants.

La maison Mosselmann et Cᵉ, société chaufournière de l'Ouest, a exposé de la chaux en pierre et de la chaux en farine, cette dernière comme base d'amendement. Puis vient la Société d'agriculture des sciences et des arts de la Sarthe, qui, dans son exposition collective, fait figurer des spécimens de marnes et de chaux.

La dixième classe compte 18 exposants : c'est la classe des constructions civiles.

Nous citerons d'abord M. Ferrary, de Grenoble (Isère), MM. Arnaud-Vendre et Carrière, père et fils, de la Porte de France, MM. Lingée et Cᵉ, du bassin de Paris, MM. Algond frères, Dupuis de Borde- et Cᵉ, de Grenoble, Agombart, de Saint-Quentin, veuve Bigot-Duval, de la Mancelière, etc., qui ont exposé de beaux spécimens de tuyaux, ciments et constructions.

Nous citerons, enfin, M. Fontenelle, de Paris, qui a exposé un échantillon du spécimen qui a servi à la construction du dallage de la Sainte-Chapelle et un morceau de ce dallage.

L'industrie de la céramique ordinaire, briques et tuiles a aussi des représentants sérieux.

Nous avons remarqué avec intérêt des carreaux et lucarnes de pierre factice provenant de l'usine de M. Soyer, de Mareuil-lès-Meaux (Seine-et-Marne).

Les briques réfractaires sont représentées par les divers fabricants dont les noms suivent : MM. David, à Uzès (Gard) ; Trouillet, à Sens (Yonne) ; Compagnie Parisienne d'éclairage et de chauffage par le gaz ; Duprat, à Canéjan (Gironde) ; veuve Rosier et Baroche, à Tain (Drôme), et Vieillard et Cᵉ, à Bordeaux (Gironde).

Cette fabrication est depuis longtemps à la hauteur de la réputation anglaise, dont les produits ont atteint le degré désirable de qualité qu'exigeaient les consommateurs ; cependant il ne serait réellement possible de reconnaître qu'à l'emploi lequel des exposants fabrique le meilleur produit.

Nous ne pouvons passer sous silence les exposants de tuiles, briques ordinaires et tuyaux de drainage, parmi lesquels nous avons vu figurer avec plaisir M. Gastellier, de Montanglaust, près Coulommiers (Seine-et-Marne), qui a exposé des briques comprimées par la presse Breton, des tuyaux de drainage, des briques creuses, des carreaux mosaïques, des tuiles à double crochet, des tuiles à emboîtement latéral et à recouvrement.

Parmi les vingt-cinq exposants français dans les catégories dont nous venons d'indiquer les produits, quatre appartiennent à notre département. Trois d'entre eux surtout le représentent honorablement au point de vue du développement et du progrès : M. Parquin, pour les plâtres ; M. Gastellier, de Montanglaust, pour sa collection de briques, carreaux et tuyaux, et M. Liénart, de Mortcerf, dont la collection de spécimens de chaux grasse et hydraulique, marnes, ciments, tuyaux en ciment, chaux d'engrais, était assurément la plus complète et la plus avancée de sa catégorie au point de vue de l'économie. Les améliorations que cet industriel a apportées et qu'il apporte chaque jour à ces diverses branches d'industrie sont dignes d'attention et bien propres à augmenter encore la réputation des chaux grasses et hydrauliques de Mortcerf dont l'emploi est répandu depuis longues années dans le département.

Elles consistent dans les points suivants :

1° Construction de fours à chaux grasse à la houille, à feu continu, ne dépensant, dit-on, que 3 à 4 francs de combustible par mètre, au lieu de 24 francs de bourrées que consommaient les anciens fours ; ce qui permettrait d'abaisser au-dessous de 35 francs le mètre cube de chaux grasse de première qualité, et de faire deux autres qualités, l'une à 15 francs pour bâtir, l'autre à 10 francs pour la culture ;

2° Système breveté de fabrication de chaux hydraulique artificielle à double cuisson, qui permet de fabriquer, par un moyen simple, en quantité illimitée et en toute saison, des chaux hydrauliques de première qualité, résistant à l'eau de mer, et dont le prix de revient, assure-t-on, ne dépasse pas 20 francs le mètre cube ;

3° Transformation du mode de calcination des anciens fours au bois brûlant aujourd'hui de la houille, au moyen d'un appareil mobile et d'une grille fixe ; ce qui procure, dit le fabricant, le moyen de calciner un mètre cube de chaux hydraulique pour 4 francs de houille, au lieu de 16 francs de bois en bourrées ;

4° Perfectionnement dans le mélange des matières propres à former de bons ciments calcaires artificiels dits *Portland* ;

5° Installation d'une fabrique de tuyaux en chaux hydraulique et ciment calcaire de Mortcerf, pour aqueducs, buses, conduites d'eau, drainage, et d'un atelier pour les travaux en ciment, tels que trottoirs, bassins, etc.

Tels sont les titres avec lesquels M. Liénart se présentait à Londres.

Nous regrettons que ses produits soient arrivés à l'Exposition dans un tel état, et qu'ils aient été placés de telle façon qu'ils ont échappé à l'attention du jury. Il est à regretter surtout que ce fabricant n'ait pas pu aller lui-même développer ses moyens d'action et ses procédés économiques. Il y a lieu de croire qu'il eût obtenu la récompense à laquelle il nous semblait avoir droit.

Nous ne terminerons pas cette partie de notre rapport sans consigner ici quelques réflexions que nous croyons utiles dans l'intérêt de notre département.

La chaux grasse s'emploie pour les constructions, les produits chimiques, tels que chlorure de calcium, stéarine, fabrication de couleurs, la papeterie, la tannerie et la mégisserie, le gaz hydrogène, et pour l'agriculture comme amendement. La pureté de la chaux dépend de la nature de la pierre et du mode de calcination.

Dans les grands travaux de construction de ponts, viaducs et tunnels, la chaux grasse a dû céder la place à la chaux hydraulique qui a la propriété de durcir sous l'eau et à l'humidité. Les travaux de maçonnerie en bâtiment ouvrent encore un débouché aux chaux grasses; néanmoins les plâtres, quoique donnant des résultats bien inférieurs au point de vue de la salubrité, leur font une grande concurrence.

Mais si l'emploi de la chaux grasse tend à diminuer pour les constructions, un autre débouché lui est ouvert qui peut lui permettre de tripler sa production : c'est l'agriculture. En effet, l'emploi de la chaux grasse comme amendement du sol a produit des résultats tellement avantageux dans d'autres départements, que M. le Ministre de l'agriculture les a mentionnés dans son rapport sur les comices départementaux ; et si dans notre département l'usage de la chaux, appliquée à la culture, a été jusqu'à ce jour si restreint, cela a tenu à la cherté du produit et à l'incertitude où l'on était de pouvoir s'en procurer facilement des quantités suffisantes ; aujourd'hui ces deux raisons n'existent plus, au même degré du moins ; car d'un côté les chemins de fer facilitent les transports, et, d'un autre côté, quelques-uns de nos fabricants ont établi des prix à la portée des consommàteurs. Nous ne saurions donc trop engager les cultivateurs si intelligents de notre département à employer cet amendement dans les terres où il peut donner de bons résultats.

En résumé, félicitons-nous de ce que notre département est si richement doté en matières premières pour la fabrication des chaux grasses, des chaux hydrauliques, des plâtres et des ciments calcaires. Espérons aussi qu'au moyen des encouragements accordés aux fabricants qui donnent l'exemple des améliorations et du bon marché sans nuire à la qualité, la consommation et la production augmenteront, et que l'agriculture, de même que l'art des constructions, en retirera de très-grands avantages.

§ V.

CHIMIE AGRICOLE.

La chimie appliquée à l'agriculture est une source féconde où doivent puiser avec fruit les nombreux agriculteurs qui, dans le département de Seine-et-Marne, ont adjoint des fabriques de sucre ou des distilleries à leurs fermes.

Nous pensons qu'il n'est pas sans utilité de mettre sous leurs yeux l'énumération des substances que l'on peut tirer de la betterave et celle des divers états auxquels on la réduit elle-même pour la transformer en sucre ou en alcool.

Cette nomenclature nous est fournie par la belle exposition de MM. Serret, Hamoir et Duquesne, de Valenciennes, qui ont tiré de leurs usines la série complète d'échantillons suivante :

1° Cossettes ou betteraves desséchées, dont la blancheur témoigne en faveur des moyens employés pour les obtenir.

2° Sucre brut résultant du travail de la cossette par l'alcool,

3° Sucre claircé résultant également du travail de la cossette et par l'alcool.

Tous deux remarquables aussi bien par leur bonne qualité que par leur nuance. Ils accusent au saccharimètre l'un 97 et l'autre 99 degrés.

4° Mélasse au titre de 40 degrés de l'aréomètre Beaumé, propre à la distillation.

5° Alcool de mélasse, goût fin, marquant 95 degrés.

6° Vinasse, ou résidu concentré de la distillation des mélasses. (Préparation pour la fabrication de la potasse et de la soude.)

7° Potasse brute, ou vinasse incinérée, produit transitoire désigné sous le nom de salins.

8° Potasse parfaitement épurée pour cristalleries, au titre de 70 degrés alcalimétriques.

9° Soude brute, produit transitoire.

10° Soude raffinée au titre de 90 degrés alcalimétriques.

11° Muriate brut de potasse, produit transitoire.

12° Muriate raffiné de potasse.

13° Sulfate brut de potasse, produit transitoire.

14° Sulfate raffiné de potasse servant à la production du carbonate de potasse.

15° Boues de potasse pour engrais.

16° Boues de potasse brûlées pour verreries.

17° Cossettes épuisées et redesséchées applicables à la fabrication du papier. Nous ne connaissons point le résultat donné dans la pratique par l'emploi de ces filaments, ou mieux de ce tissu végétal en papeterie, mais MM. Serret, Hamont et Duquesne affirment qu'il a été très-satisfaisant, et nous enregistrons volontiers leur déclaration.

18° Alcool mauvais goût, au titre de 94 degrés, utilisé pour la fabrication des vernis, etc.

19° Alcool de betterave *verte*, goût fin, au titre de 95 degrés.

20° Alcool de betterave sèche, goût fin, au titre de 95 degrés,

21° Résidu de macération de betteraves *vertes*. ⎫ Ces résidus forment une nourriture pour bestiaux dont on fait grand cas en agriculture.

22° Résidu de macération de betteraves *sèches*. ⎭

Aux renseignements qui précèdent nous ajouterons l'indication de deux faits entièrement nouveaux.

Des chimistes français ont découvert que les toisons de mouton lavées à l'eau ordinaire laissent dissoudre des matières qui peuvent fournir, après l'évaporation de l'eau et la calcination, une grande quantité de potasse.

M. Deiss a employé le sulfure de carbone pour retirer des tourteaux d'olives ou des semences oléagineuses l'huile dont les tourteaux sont encore imprégnés.

Il possède un appareil où l'opération se fait sans perte de sulfure de carbone.

L'exposition de M. Ménier, dont l'usine est située à Noisiel, canton de Lagny, devait naturellement attirer notre attention.

Nous connaissions la position élevée qu'occupe en France M. Ménier comme fabricant de produits chimiques employés en médecine, et nous n'avons pas été surpris en voyant avec quel degré de perfection étaient préparés les échantillons qu'il exposait, et parmi lesquels on pouvait citer : les matières cristallisées extraites de l'opium, la morphine, la codéine, la narcotine, celles tirées de la noix vomique, qui sont la strychnine, la brucine et l'igasurine, enfin l'atropine due à la belladone et tant d'autres.

Mais ce qui nous a le plus frappés, c'est l'alcool fabriqué dans le laboratoire en combinant directement le gaz hydrogène bi-carboné avec les éléments de l'eau.

Le procédé pour l'obtenir a été découvert par M. Berthelot, chimiste, qui a ouvert une nouvelle voie en montrant que la chimie peut aspirer à reconstituer les corps organiques par la synthèse, aussi bien qu'elle sépare leurs éléments par l'analyse.

Les alcools exposés par M. Dehaynin et qui sortent de son usine des Corbins, près Lagny, étaient compris dans l'exposition collective du département de Seine-et-Marne. Cette circonstance a été fâcheuse pour M. Dehaynin en ce que le jury des produits agricoles les a seulement examinés, sans leur attribuer la récompense qu'ils paraissaient mériter, les considérant comme du ressort du jury des spiritueux, et que celui-ci ne les a point examinés, par la raison qu'ils étaient confondus avec les autres produits agricoles.

§ VI.

PAPETERIE.

Le département de Seine-et-Marne est riche en papeteries importantes : il était donc nécessaire d'étudier à Londres les machines à papier qui étaient exposées. Nous y avons apporté toute notre attention, afin de signaler aux chefs des ateliers de notre département non-seulement les découvertes nouvelles, mais encore ceux des procédés connus qui sont préférés par les fabricants anglais.

On comptait, dans l'annexe du palais de Kensington, quatre machines, dont deux anglaises et deux envoyées par la Belgique.

La première était de MM. Donking et Cᵉ. L'exécution mécanique de toutes les pièces témoignait d'un grand soin ; mais nous avons plutôt constaté un luxe de dépenses que d'ingénieuses dispositions.

Toutefois, nous reconnaîtrons que le mécanisme qui commande l'épurateur n'a plus le vice capital de compromettre la pureté des pâtes ; mais il nous a paru coûteux et compliqué.

Nous avons aussi remarqué les rouleaux égoutteurs placés au-dessus des caisses à air, sur la toile métallique. Leur construction, quoique remontant à une époque assez éloignée, n'est guère usuelle en France : elle est cependant assez bien conçue, et nous en dirons quelques mots.

On évide une forte feuille de cuivre rouge sur ses deux faces par des sillons parallèles qui atteignent sa demi-épaisseur et forment une sorte de tamis quadrillé ; puis on roule cette feuille en cylindre et on la recouvre d'une toile métallique. L'arbre en fer qui forme habituellement l'axe est supprimé ; les deux tourillons sont reliés à chaque extrémité du cylindre par une croix en bronze.

La seconde machine anglaise sort des ateliers de M. Bertram, mécanicien à Édimbourg : c'est assurément celle qui l'emporte sur toutes les autres, comme le prouve bien le prix qui lui a été décerné.

Nous l'examinerons en détail et l'on nous pardonnera d'entrer dans des descriptions techniques qui ne peuvent présenter d'attrait qu'aux seuls fabricants de papier.

En raison de l'interdiction absolue de relever des mesures dans l'intérieur de l'Exposition de Londres, nous ne saurions, en citant des chiffres, fournir un renseignement rigoureusement exact. Cette réserve faite, nous tâcherons d'apporter dans nos indications le plus de précision possible.

La machine de M. Bertram est destinée à fabriquer du papier paille ; sa largeur est d'environ deux mètres. Il en existe une du même modèle qui fonctionne à Bass-Bridge, à Londres.

Les rochets qui impriment les secousses à la table de l'épurateur, faite d'une seule pièce, sont à la partie antérieure et au-dessous du niveau de la caisse du vat.

L'appel de la pâte dans le vat est réglé par une pompe obéissant, à volonté, à trois poulies de grandeurs différentes.

Le rouleau de tête de la toile métallique porte un diamètre d'environ 0^m20 centimètres, excellente condition qui tend à prolonger la durée de la toile.

Deux cônes renversés, sur lesquels on peut faire glisser horizontalement la courroie, commandent, à des vitesses variables, les oscillations de la toile métallique, qui ont pour but de marier les filaments de la pâte à papier pendant qu'elle s'égoutte.

Quatre corps de pompe en fonte aspirent l'eau de la feuille naissante.

La première et la seconde presses sèches qui expriment l'eau de la feuille sont des cylindres creux qui reçoivent intérieurement un courant de vapeur. L'eau, devenue chaude et partant plus fluide, se détache plus facilement de la pâte.

Un ressort spirale qui fléchit sous l'effort d'une vis de pression, est placé sur les tourillons ; sa flexion, en cas d'accident, protége le feutre.

Tous les rouleaux ou cylindres de cette machine sont remarquables par la grande dimension de leur diamètre ; on pourra s'en convaincre par les citations suivantes :

Le diamètre des rouleaux égoutteurs du bâti oscillant est de 0^{m}045 millimètres ; le fer de ce bâti mesuré à plat est d'une largeur de 0^{m}070 millimètres et d'une épaisseur de 0^m,020 millimètres.

Un rouleau tendeur de la toile métallique porte 0^m,180 millimètres de diamètre.

On a donné une circonférence de 1^m,420 millimètres au rouleau supérieur de la presse humide.

Celui de la première presse sèche est en fonte et porte un diamètre de 0^m,300 millimètres ; quant au cylindre inférieur, il est revêtu d'une enveloppe de cuivre rouge mise à chaud sur la fonte, comme un manchon, puis tournée.

Dans la machine à sécher, les cylindres reçoivent le mouvement d'engrenages dont le diamètre est un peu plus grand que le leur.

Ces engrenages sont attachés à la circonférence des cylindres mêmes par de solides pattes de fonte boulonnée.

Le fond de ces cylindres est percé d'un trou d'homme fermé par une plaque ; l'ouverture en est facile et permet de visiter l'appareil d'échappement de l'eau condensée, sans démonter le fond des cylindres, opération toujours délicate et minutieuse.

Après les cinq premiers cylindres sécheurs, on remarque une machine à apprêter ou glacer le papier en tout semblable aux presses sèches.

La forme des bâtis de la machine à sécher est heureuse : ce sont des courbes qui accompagnent le contour des cylindres et forment un ensemble de lignes gracieux et solide.

M. Bertram s'est surtout signalé par l'invention d'une coupeuse à papier. Nous allons essayer de faire comprendre l'importance de cette découverte.

Depuis longtemps, on emploie avec succès des coupeuses qui fonctionnent en dehors de la machine à papier et rendent des services incontestables.

On construit même des coupeuses faisant suite à la machine ; mais toutes marquent un temps d'arrêt qui se renouvelle à l'incision de chaque feuille.

Il est facile de comprendre que ce système n'est pas applicable à une machine pouvant débiter une longueur de trente mètres de papier par minute sur une largeur de deux mètres.

L'inventeur, abordant la difficulté de front, a imaginé une coupeuse qui suit la feuille de papier d'un pas égal et non interrompu.

Deux couteaux à hélice, se développant sur un cylindre horizontal d'environ (0^m40) quarante centimètres de diamètre, agissent comme une paire de ciseaux, par le contact successif de chaque point de leurs lames avec un couteau fixe placé au-dessous d'eux.

C'est une poulie extensible qui les met en mouvement. Par ses variations de grandeur, elle leur imprime des variations de vitesse. Cette poulie augmente ou diminue son diamètre avec grande facilité. Ses rayons, à charnières sur le moyeu et à la circonférence, s'inclinent et se redressent ensemble. Le diamètre de la poulie est gradué et chacune de ses divisions correspond à un format différent.

Plus est rapide la révolution des couteaux, plus petites sont les feuilles.

Enfin, et c'est là le point saillant de cette machine, le cylindre qui porte les couteaux peut prendre une position angulaire par rapport à l'axe de la machine elle-même.

Supporté d'un seul côté, il se meut horizontalement et vient se placer obliquement à la marche de la feuille.

Cette obliquité variable permet aux lames des couteaux de suivre, dans leur mouvement hélicoïdal, la vitesse de la feuille de papier et de la couper toujours carrément, sans exiger le moindre temps d'arrêt.

Les deux machines qu'exposait la Belgique sont loin d'égaler les machines anglaises. Nous avons cependant reconnu que M. Dautrebaude a ingénieusement appliqué une transmission de mouvement par friction au va-et-vient de la table de fabrication.

Un disque en fonte vertical et animé d'une vitesse uniforme est en contact avec un galet recouvert d'une bague de cuir qu'il entraîne.

Ce galet, par un glissement horizontal, peut être éloigné ou rapproché du centre du disque et recevoir ainsi des vitesses plus ou moins grandes.

Les feutres marchent sans tirettes et sans talons, mais avec le concours des rouleaux brisés bien connus en France. Ils sont, en outre, guidés par un régulateur qui nous a paru appartenir plutôt au mécanisme délicat de l'horlogerie qu'à la mécanique industrielle.

Les papeteries du Marais, qui représentaient les fabricants de papiers du département de Seine-et-Marne, à Londres, ont reçu du jury international une médaille justement méritée.

Parmi de nombreux échantillons d'une perfection réelle, on admirait leur papier à impression transparente filigranée, sur lequel la Banque de France fait graver ses billets.

§ VII.

INDUSTRIE CÉRAMIQUE.

L'industrie céramique est l'une des plus largement représentées à l'Exposition universelle de 1862.

Toutes ou presque toutes les nations de l'Europe y ont envoyé des spécimens de leur fabrication.

La Suisse elle-même qui, nous le croyons, ne s'était pas encore engagée dans les grands concours, n'a pas voulu rester plus longtemps ignorée.

Plusieurs nations, à la vérité, le plus grand nombre même, ne produisent que des imitations anglaises, sous le double rapport des dessins et des formes ; mais pour elles c'est déjà un progrès, si, même en ne faisant qu'imiter, elle s'affranchissent du tribut qu'elles payaient à l'étranger.

Tous les genres de produits céramiques figurent au Palais de l'Exposition ; depuis les biscuits de porcelaine, depuis les pièces décoratives les plus riches, jusqu'aux simples et modestes carreaux de terre cuite.

Mais nous avons seulement à envisager l'Exposition au point de vue des intérêts de notre département. Nous devrons donc nous abstenir de parler de ces magnifiques pièces d'ornement qui font l'admiration de tous les visiteurs ; nous ne parlerons même pas des porcelaines dures que nous ne produisons pas dans Seine-et-Marne et que nous ne saurions y produire avec avantage.

Nous nous bornerons à quelques observations sommaires sur les faïences fines et communes.

C'est surtout dans ce genre de produits que la plupart des nations de l'Europe ne font, il paraît, qu'imiter l'Angleterre ; encore l'imitent-elles le plus souvent assez mal. Il sera donc inutile d'analyser les échantillons exposés par la Hollande, la Belgique, l'Espagne, etc., etc.

Les fabricants anglais et, à leur tête, MM. Bronwfield, Bronw, Assworts, Elliot, Demorck, Weedwood et Minton, ont compris leur supériorité qui paraît incontestable dans cette espèce de production. Leurs faïences sont étalées aux regards avec un soin très-grand, on dirait presque avec luxe.

Comparées avec les expositions antérieures, leurs faïences présentent des modifications sensibles dans les formes et dans les dessins. On ne trouve plus dans leurs modèles ces parties rentrantes, ces angles brusques, souvent peu gracieux. Leurs dessins sont moins chargés et se rapprochent beaucoup plus de nos dessins français.

Il ne serait pas sage de conclure d'une manière absolue par les modèles exposés. Ces modèles sont bien certainement plus parfaits que les produits livrés au commerce. Cependant, et en avouant notre incompétence, nous croyons la faïence anglaise supérieure à la nôtre. Elle est plus résistante, plus robuste, pour ainsi parler et, ce mérite, elle le doit surtout à la composition de ses mélanges.

Peut-être pourrions-nous faire aussi bien ; mais pour cela il faudrait donner plus d'épaisseur que nous n'en donnons généralement et ajouter à nos pâtes du grès ou du silex pulvérisé. Il est probable que nos fabricants s'arrêtent devant l'obligation qui en résulterait d'une cuisson plus longue et par conséquent plus coûteuse.

Malgré tout, il est regrettable que l'usine de Montereau ait cru devoir s'abstenir dans ce grand concours universel.

Elle aurait tenu dignement sa place. Ses formes élégantes, ses dessins pleins de goût lui auraient valu certainement l'attention du jury et des connaisseurs.

On trouve aussi à l'Exposition quelques modèles de machines à broyer, à malaxer, à façonner.

Quelques-uns n'offrent guère d'intérêt et ne présentent ni le caractère d'une véritable invention, ni celui d'un perfectionnement sensible. D'autres semblent mieux compris et mieux entendus.

Pour apprécier sûrement ces machines, il faudrait les voir en fonction. Pour produire à bon marché, la matière première est quelque chose, mais les moyens de fabrication ont aussi leur influence. Il serait donc à désirer que nos faïenciers pussent étudier sur place les avantages qu'on peut trouver dans l'emploi d'une machine ingénieuse. Les formes et les dessins se modifient facilement, et, sous ce rapport, le goût artistique de la France n'a rien à envier aux autres peuples; mais, sous le rapport des procédés économiques, de l'emploi des moyens mécaniques, nous avons peut-être plus de progrès à faire.

La nécessité de lutter contre une redoutable concurrence, l'avantage pour tous d'un abaissement dans les prix de production doivent amener prochainement l'abandon des instruments imparfaits, leur remplacement par des moyens plus perfectionnés et plus économiques. Déjà nos principaux fabricants ont senti cette nécessité. Ils ont beaucoup amélioré leurs anciens procédés et s'étudient à les perfectionner de plus en plus. Malheureusement, dans une industrie où le prix du combustible exerce une aussi grande influence, la richesse des bassins houillers de la Grande-Bretagne semble lui assurer, pour longtemps du moins, un avantage considérable.

§ VIII.

LIN ET CHANVRE.

La crise américaine, en amenant chez nous la rareté et la hausse du coton, donne aujourd'hui à la production des autres plantes textiles une importance toute particulière.

Parmi ces plantes, le lin et le chanvre occupent le premier rang à raison de la force et de la longueur de leurs fibres. La culture de ces plantes est très-répandue en Écosse et elles occupent une place relativement considérable dans le palais de Kensington. Pour le lin des colonies anglaises du Canada, des Indes et de la Tasmanie, l'Autriche, la Belgique, la Hollande, l'Italie, la Prusse, l'Espagne, la Russie et la France ont servi leur contingent.

Les plus beaux échantillons étaient sans contredit ceux provenant de la Belgique, de la Russie et de la France.

Pour le chanvre, les principaux pays qui ont pris part à l'exposition sont, avec la France et l'Algérie, l'Autriche, la Belgique, le grand-duché de Bade, l'Italie, la Russie, l'Espagne. Les chanvres exposés par la France, l'Italie et la Russie méritent particulièrement l'attention.

Les départements français qui ont envoyé des échantillons de lin et de chanvre sont les suivants :

Nord, Pas-de-Calais, Aisne, Oise, Seine-Inférieure, Ille-et-Vilaine, Côtes-du-Nord, Sarthe, Corrèze, Seine-et-Marne.

Les échantillons de lins en tiges et teillés provenant de notre département figurent, à l'Exposition, parmi les produits agricoles exposés par la Société d'Agriculture de Melun. Ils avaient été envoyés par M. Delbard, directeur de la Société d'Assurances mutuelles contre la grêle et de la Caisse Agricole de Seine-et-Marne, propriétaire de l'usine de la Fontaine-Ronde, dans laquelle le teillage s'opère par des procédés mécaniques.

Avant l'année 1855, époque à laquelle fut fondé cet établissement, il ne se récoltait de ce textile, dans le département de Seine-et-Marne, que des quantités tout à fait insignifiantes et employées presque exclusivement pour les besoins du cultivateur qui l'avait produit. Quelques ouvriers, dans un village des environs de Melun, fournissaient seuls au commerce quelque peu de lin dans de faibles proportions.

Ce n'est qu'en 1855 que la culture de cette plante a pris un certain accroissement, motivé par la création de l'usine de la Fontaine-Ronde, qui, à elle seule, transforme manufacturièrement en longs brins et en étoupes, utilisés directement par la filature, un million de kilogrammes de lin en tiges.

La production agricole dans Seine-et-Marne est surtout concentrée dans les arrondissements de Meaux, Melun et Provins ; ceux de Coulommiers et de Fontainebleau n'ont encore fourni que des quantités peu notables ; en 1861, elle se répartissait ainsi :

Arrondissement de Meaux, environ .... 500 hectares.
     —   de Melun,   —   200   —
     —   de Provins,   —   150   —

                                Total....... 850 hectares

produisant environ 3,500,000 kilogrammes de lin en tiges d'une valeur de près de 500,000 francs, qui ont été en partie exploités dans l'usine de la Fontaine-Ronde, en partie achetés par des négociants du nord de la France.

Ces chiffres démontrent une fois de plus qu'en toute espèce de chose, s'il y a une période d'enfantement pénible pendant le cours de laquelle il faut lutter contre les difficultés de toutes sortes, il y en a aussi une d'accroissement progressif au bout de laquelle est le succès. C'est dans cette seconde période que se trouve le département de Seine-et-Marne. Espérons que rien ne viendra l'entraver dans ses progrès, auxquels contribuera surtout l'emploi des méthodes perfectionnées du Nord et de la Belgique, modifiées toutefois conformément aux conditions différentes du sol et de la main-d'œuvre.

Comme nature et comme qualité, les lins de Seine-et-Marne peuvent être classés parmi les sortes de très-bonne qualité moyenne. Ils sont supérieurs aux lins fournis par la Picardie et par le pays de Caux ; ils sont seulement inférieurs aux fines soies du Nord.

Du corps, c'est-à-dire de la densité, de la finesse, une résistance moyenne, un bon rendement au peignage, telles sont leurs propriétés reconnues par la filature, qui les transforme en fils variant du n° 70 au n° 100 ; déjà même leur mérite a été constaté par les manufacturiers anglais, qui en ont travaillé quelques parties.

Seine-et-Marne est donc susceptible de devenir un des centres d'alimentation les plus importants de nos fabriques du Nord et de la Normandie, à moins (ce qui serait préférable encore) qu'il ne s'élève un jour sur son sol même des établissements industriels qui mettent en œuvre ces précieux produits.

En attendant ce moment que nous appelons de tous nos vœux, notre agriculture, déjà si florissante, a des raisons suffisantes pour s'occuper d'une plante qui peut dès à présent lui donner les meilleurs résultats, en présence, surtout, de l'élévation continue des fermages. Une plante nouvelle dont le produit ne le cède en rien à celui des récoltes les plus abondantes, joignant à l'avantage d'un assolement nouveau celui d'être une des conditions les plus favorables à la production du blé, arrivant à maturité avant la moisson des céréales, des déchets utilisables, soit comme engrais, soit comme alimentation des bestiaux, des travaux importants pour nos populations agricoles, telles sont les considérations qui militent puissamment en faveur des lins.

Le teillage mécanique, en se substituant au travail manuel, qui exigeait un grand déploiement de force, a permis d'utiliser les services des femmes et des enfants et par conséquent d'élever leur salaire ; il crée des travaux pendant une saison où, dans nos campagnes, on en manque presque complétement, et tend à empêcher l'émigration dans les villes.

L'impulsion donnée à cette culture par la crise américaine n'est pas purement temporaire ; il y a lieu de penser qu'elle continuera même après que l'industrie cotonnière aura repris son essor, puisque annuellement les importations en lins de l'étranger dépassent en valeur plus de 30,000,000 de francs et cela au préjudice de nos cultivateurs.

Sillonné, comme il l'est, de routes carrossables en parfait état d'entretien, de chemins de fer, de canaux, de rivières navigables qui permettent un transport facile et peu coûteux, le département de Seine-et-Marne peut donc s'occuper avec profit de la culture du lin et du chanvre et prendre un rang important parmi ceux qui, jusqu'à ce jour, ont servi à l'alimentation d'une industrie considérable qui intéresse la France à si juste titre.

§ IX.

INDUSTRIE DES TISSUS.

L'industrie textile proprement dite n'ayant pas de similaire dans notre département, nous ne pourrions, sans sortir des limites assignées à notre commission, donner ici les développements que nécessiteraient les nombreux perfectionnements acquis à cette branche de travail depuis 1855.

Mais nous ne pouvions omettre d'étudier à Londres l'un des dérivés de cette grande industrie, dérivé qui intéresse le département de Seine-et-Marne, puisque c'est dans une des communes de l'arrondissement de Meaux que l'on a vu se développer et occuper successivement de nombreux ouvriers une fabrication inconnue jusqu'alors dans le centre de la France ; nous voulons parler de l'impression des *toiles peintes*.

L'art de la toile peinte nous vient des Indes. Il a été importé en Angleterre au commencement du dix-huitième siècle. En 1746, nos provinces de l'Est virent se former une manufacture de ce genre, et, en 1775, M. Oberkampf, à Jouy, près Versailles, et M. Japuis, à Claye, fondèrent chacun un établissement ayant pour spécialité l'impression des tissus. Depuis cette époque, le nombre des fabriques d'impression s'est multiplié en France et surtout en Angleterre. Le chiffre de la production annuelle des deux pays s'élevait, avant la crise cotonnière de 1862, à quelques centaines de millions.

Depuis l'Exposition de 1855, les progrès de cette industrie ont été notables. Ils sont dus en partie aux perfectionnements de l'outillage et aux recherches laborieuses de nos chimistes industriels. Il est seulement à regretter que la plupart des maisons anglaises se soient abstenues de paraître au grand concours de 1862. La France, au contraire, avait trente exposants, dont un de notre département.

Les principaux progrès que nous avons à signaler dans les nombreux éléments qui constituent l'ensemble de la fabrication sont les suivants :

1° GRAVURE DES PLANCHES. — L'alliage propre aux clichés en métal qui remplacent, dans beaucoup de cas et avec avantage, les gravures à la main, a été sensiblement perfectionné.

L'application de la galvanoplastie et du pantographe à la gravure sur rouleaux permet d'obtenir des gravures à prix très-réduits.

2° IMPRESSION A LA MAIN. — La grande perfection avec laquelle les tissus teints en garance sont rentrés avec les nuances d'enluminage sans laisser apercevoir les points de rapports, est digne de remarque et d'éloge.

L'ingénieuse disposition des châssis à couleurs permet d'imprimer, avec une seule planche, plusieurs couleurs à la fois.

3° IMPRESSION AU ROULEAU. — La fabrication anglaise a sur la nôtre une grande supériorité, non par ses moyens d'exécution, mais par la perfection de ses machines, qui impriment jusqu'à douze et seize couleurs à la fois. A l'époque de la mise en vigueur du traité de commerce, il n'existait en France que des machines imprimant tout au plus cinq couleurs ; c'est donc aux industriels à considérer s'il y a pour eux un véritable intérêt à suivre, à cet égard, la voie qui leur est tracée par nos voisins de la Grande-Bretagne.

4° ARTS CHIMIQUES ET FABRICATION EN GÉNÉRAL. — Nous avons ici à faire remarquer une véritable amélioration qui s'est produite dans le blanchiment et l'avivage des genres si complexes en nuances garancées. La pureté et la limpidité du ton de ces couleurs établissent une supériorité bien marquée en faveur de la fabrication française.

L'emploi des couleurs plastiques et de celles si fraîches et si brillantes tirées de l'aniline et de ses dérivés (produit obtenu des huiles de goudron de houille) a donné à l'industrie de la toile peinte une nouvelle activité, en lui permettant la création de genres nouveaux, impossibles par les moyens employés jusqu'alors.

Nous terminerons ces observations en faisant remarquer que, malgré le mérite bien reconnu de l'impression française, il lui serait néanmoins difficile de lutter, sur les grands marchés du globe, sans désavantage avec les Anglais ; car la houille, qui constitue une dépense considérable dans les usines de cette industrie, où l'on fait une si grande consommation de vapeur d'eau, est encore dans notre pays à un prix quatre fois plus élevé qu'en Angleterre.

L'industrie des fils et tissus du département de Seine-et-Marne était représentée au concours universel de Londres par deux maisons : 1° celle de M. Gadrat, de Meaux, dont la spécialité consiste dans la fabrication de tapis imitant le genre des Gobelins ; le jury a décerné à cette maison une mention honorable ; 2° celle de MM. Japuis, Kastner et Carteron, de Claye, qui ont obtenu la médaille pour leurs impressions sur tissus de soie, laine, coton et fil.

§ X.

INDUSTRIE DES PEAUX ET CUIRS.

Le département de Seine-et-Marne possède un grand nombre de tanneries, et c'est par ce motif sans doute que l'industrie des peaux et cuirs a été comprise dans le programme des études confiées à la première section.

Cette industrie était représentée à Londres par soixante-cinq exposants français répartis entre vingt départements, parmi lesquels ne figure pas le nôtre.

Depuis la précédente Exposition, il n'est apparu aucune innovation importante dans cette industrie : ce qui s'explique d'ailleurs, ainsi que le fait remarquer la section française du jury international, par la nature de la fabrication des peaux et cuirs, qui ne se prête pas à des productions nouvelles et variées comme beaucoup d'autres industries dont les produits changent suivant les besoins et la mode.

Néanmoins les jurys d'admission ont signalé, parmi les améliorations introduites depuis dix ans dans les industries de cette classe :

1° De meilleurs procédés de fabrication donnant un tannage plus parfait et plus rapide ;

2° Des progrès dans la préparation des tiges permettant d'obtenir une plus grande souplesse ;

3° Des procédés nouveaux pour faire perdre toute élasticité aux courroies de transmission, et remplacer les courroies cousues par des courroies collées ou clouées ;

4° Une amélioration notable réalisée dans la préparation des cuirs de veau et de vache destinés à être vernis, par suite de la mesure qu'ont prise les maisons les plus importantes de tanner elles-mêmes les peaux qu'elles emploient, mesure qui, en donnant plus de régularité au tannage et en procurant une assez grande économie, permettra à nos fabricants de cuirs vernis de lutter contre l'importation étrangère ;

5° L'extension donnée à l'emploi des peaux de chèvre et de chevreau par les fabricants de maroquins, pour remplacer avec avantage les étoffes employées autrefois à la confection du haut de la bottine d'homme ;

6° Les procédés plus parfaits employés par les mégissiers pour conserver la force et la fleur des peaux de chevreau destinées à la ganterie ;

7° Une perfection plus grande dans la confection des selles et des harnais ;

8° Plusieurs essais tentés dans l'art du sellier pour l'arrêt instantané des chevaux.

En ce qui concerne la branche de l'industrie des cuirs qui se pratique plus particulièrement dans notre département, le tannage, tout le monde sait combien elle a d'importance pour donner aux cuirs toute la solidité désirable. La France a, dans cette branche, une supériorité réelle. Les cuirs anglais tannés à l'écorce de chêne, avec addition de *vallonia*, *de libidivi, de terra japonica* et d'autres substances exotiques, sont souples et ont des qualités réelles. Mais les cuirs français sont plus beaux, plus doux et plus serrés ; ils s'usent moins vite en général quoiqu'ils soient moins épais. Le rapport de la section française du jury international cite des cuirs anglais importés en France, à la suite du traité de commerce, à des prix bien inférieurs aux nôtres, qui n'ont pas satisfait leur consommateur et qui, souvent, au battage pratiqué pour obtenir leur compression, sont restés gonflés et spongieux. Il faut remarquer que la supériorité de nos vaches tannées est incontestable, et que cet article est traité avec un succès tout particulier dans nos tanneries.

Au surplus, pour donner une idée de l'impression produite en Angleterre par l'exposition de nos fabricants de peaux et cuirs, nous ne saurions mieux faire que de reproduire ici un extrait du rapport fait à la commission royale anglaise par M. Blackmore. Il est de nature à inspirer à nos industriels une légitime satisfaction.

Voici comment s'exprime l'honorable rapporteur de la commission anglaise :

« La France, notre voisine la plus prochaine, comme nation de luxe, riche et entreprenante, a, l'Angleterre exceptée, le plus grand nombre d'exposants. Dans l'Exposition française tout est bon, excellent, varié et extrêmement parfait. Le jury a éprouvé une difficulté réelle à donner de justes distinctions en accordant les médailles aux produits de ces fabricants, qui, placés en regard de ceux des Belges et des Anglais, et pesés dans la balance avec la plus scrupuleuse attention, obtiennent la palme dans tous les objets de luxe, de goût et de délicatesse.

« Une très-longue liste de récompenses a été dressée ; les raisons en ont été déduites, il n'est pas possible qu'il y en ait de plus flatteuses pour la nation française. Elles sont l'indication véritable et collective de la valeur incontestable des produits exposés, depuis les cuirs tannés par MM. Pelletereau (de Château-Renaut), jusqu'aux chevreaux pour gants mégissés à Annonay.

« La France est aussi, en vérité, sans compétiteurs pour les objets de cuir.

« La France a une telle réputation pour les objets de luxe et d'élégance, comme les maroquins, peaux de chevreaux coloriées, peaux de veaux teintes, vernies et corroyées, qu'elle a la supériorité pour tous ces produits.

« Elle a également une supériorité marquée dans les cuirs tannés, qui sont solides et d'un usage général, surtout si on les compare à ceux des tanneurs anglais, qui ont un sol qui produit les meilleurs cuirs de bœuf et les meilleures écorces de chêne. Quand nous comparons nos produits naturels avec ceux de la France, nous constatons que ce pays a raison d'être fier de tous ses tanneurs, et aussi de ses cuirs de bœuf qui sont appendus à la muraille dans la salle de l'Exposition. »

§ XI.

INSTRUMENTS DE DRAINAGE.

L'Exposition de Londres n'a rien présenté de bien intéressant à noter en ce qui concerne l'application des arts mécaniques au drainage. Les instruments ou plans de drainage exposés ont été fort rares. Cela tient à ce que les esprits sont tout à fait fixés sur les procédés à suivre. On semble avoir renoncé aux tentatives faites, il y a quelques années, pour ouvrir les drains et poser les tuyaux mécaniquement, et on revient au procédé primitif, c'est-à-dire à l'ouverture des tranchées à bras d'homme et à la pose des tuyaux à la main.

Citons toutefois, parmi les appareils exposés :

Les tuyaux en fonte, à grille, avec ou sans clapets, de MM. Amies et Barford, destinés à terminer les collecteurs ;

Les tuyaux de drainage de M. Barbier, à Paris, préparés contre les obstructions.

Les machines à fabriquer les tuyaux n'ont rien offert de particulier, si ce n'est l'appareil Clayton mû par la vapeur et destiné à fabriquer de grandes quantités de briques ou tuyaux. Mais cette machine ne serait pas applicable dans nos localités.

On n'a exposé ni modèles ni plans de fours pour la cuisson des tuyaux.

Enfin les plans de drainage exposés se bornent à ceux présentés par M. Vandercolme, cultivateur distingué du département du Nord, par

M. Barbier et par M. Abailard, ingénieur draineur, ancien conducteur des ponts et chaussées dans le département de Seine-et-Marne.

Notre département n'a donc pu trouver dans cette partie de l'Exposition universelle de 1862 des modèles à suivre pour simplifier l'opération du drainage ou diminuer le prix de revient.

Il n'a, par suite, qu'à continuer d'après les procédés adoptés jusqu'ici, en persévérant dans la marche qui le place au second rang parmi les départements qui sont à la tête du mouvement d'amélioration pour le drainage.

On sait en effet que si, en France, la superficie drainée est aujourd'hui de 100,000 hectares environ, soit de deux hectares environ pour mille relativement à l'étendue totale, ou de près de un pour cent relativement à celle susceptible d'être drainée, on compte dans le département de Seine-et-Marne 11,500 hectares drainés, soit près de 2 pour 100 de son étendue totale, ou 5 pour cent de celle qui serait drainée avantageusement.

En Angleterre et en Irlande on peut estimer, en réunissant les deux pays, à 21/4 0/0 le premier rapport et à 5 1/2 le second. C'est-à-dire que dans ce pays, où le drainage a pris naissance et se développe sans cesse, la fraction drainée de la surface qui peut l'être utilement n'est que d'un dixième supérieure à cette même fraction prise dans Seine-et-Marne.

Il est probable même que cette proportion serait plus considérable encore dans nos contrées si l'on avait pu y vaincre les difficultés que présente le drainage dans les pays morcelés.

Dans cette comparaison qu'amène naturellement l'Exposition de Londres, et que le département de Seine-et-Marne est digne de soutenir en ce qui concerne le drainage, il ne sera donc pas hors de propos de rappeler comment la difficulté a été vaincue en Angleterre, dans ce pays où le respect de la liberté individuelle et celui de la propriété sont poussés si loin.

On sait, en effet, que, par l'acte 4 de l'année IX du règne de la reine Victoria, le drainage d'une certaine étendue de terrains peut être provoqué par l'administration locale, ou par le grand jury qui en tient lieu, et l'exécution peut se faire aux frais de tous les propriétaires au prorata de leur intérêt, si l'adhésion a été donnée à l'opération par les propriétaires de plus de la moitié des terrains compris dans la zone.

Deux autres actes ont été rendus, dans ces dernières années, pour confirmer le précédent et lui donner plus de force, et d'importantes opérations ont été entreprises, soit par des compagnies, soit par des particuliers, en vertu de ces dispositions.

Dans le projet de loi qui a été présenté en France en 1854, une disposition analogue avait été proposée. Mais elle a été repoussée dans la discussion, et la loi du 10 juin 1854, tout en parlant d'associations de drainage organisées administrativement, admet qu'elles seront formées avec le consentement de tous les intéressés sans exception.

Devant cette condition, on peut assurer qu'aucune association ne pourra se former et que la supposition de la loi à cet égard est illusoire.

Nous en avons eu déjà la preuve, dans notre département même, où des tentatives ont été faites pour le drainage en commun de 150 hectares environ situés sur la commune de Mortcerf.

Cette surface, qui ne peut se drainer utilement et économiquement que par une opération d'ensemble, appartient à plus de quatre-vingts propriétaires, et les parcelles sont enclavées les unes dans les autres, de façon à rendre presque impossible l'isolement de certaines d'entre elles. Sur ce nombre de propriétaires, une douzaine possède plus de la moitié de la superficie et a donné son adhésion. Le projet d'exécution est préparé depuis deux ans, ainsi que le règlement pour l'association, qui a été approuvé en principe par l'administration. Un syndicat provisoire a même été nommé pour hâter la solution et amener les adhésions. Il est composé des hommes les plus influents et les plus capables de conduire à bien cette affaire. Or, toutes ces conditions, qui devraient amener sa réussite, n'ont rien pu encore contre les difficultés matérielles que présente la réunion des propriétaires et contre leur force d'inertie. Il faudra donc désespérer d'atteindre le but poursuivi, au détriment de l'agriculture de la contrée, si des moyens analogues à ceux que fournit la législation anglaise ne sont pas mis à la disposition de l'administration dans notre pays.

Nous pensons ne pas sortir du rôle assigné à notre commission en exprimant le vœu que notre législation sur le drainage soit réformée en ce sens (1).

----

(1) Voici dans quels termes nous nous exprimions à ce sujet, dans une note adressée, le 20 mai 1857, à M. le Ministre de l'agriculture, du commerce et des travaux publics, afin de lui signaler l'inefficacité du principe des associations syndicales posé dans l'article 4 de la loi du 10 juin 1856, si l'administration ne prenait pas l'initiative d'une mesure d'ensemble pour faciliter l'écoulement des eaux :

« Depuis le 10 juin 1854, en effet, s'est-il créé une seule association syndicale?
« A-t-il été creusé, soit par des réunions de propriétaires, soit par des communes, de
« grands évacuateurs destinés à recevoir les eaux du drainage? Je ne le pense pas.
« Aussi le drainage n'a-t-il guère été pratiqué jusqu'à présent qu'isolément par de
« grands propriétaires dont les fonds sont placés dans d'heureuses conditions pour
« l'écoulement des eaux.

« D'où cela vient-il?

« Est-ce que les bienfaits du drainage ne sont pas suffisamment connus? Ils le sont
« aujourd'hui assurément par tous les propriétaires intelligents appartenant aux
« départements agricoles.

« Parmi les causes de cette lenteur à profiter du moyen qu'offre la loi de prati-
« quer le drainage sur une large échelle, on doit citer sans doute le manque de ca-
« pitaux et l'imperfection de la loi de 1807 sur les syndicats en matière d'irrigations
« et d'endiguements, loi dont la révision devient de plus en plus nécessaire.

« Mais il est une autre cause bien connue de tous les hommes pratiques et que
« le gouvernement peut faire disparaître sans recourir au Corps législatif, c'est l'im-
« possibilité d'obtenir de l'initiative des propriétaires ou des communes elles-mêmes
« *l'exécution de plans d'ensemble*. De toutes parts, on attend l'initiative de l'admi-
« nistration. Elle seule, en effet, disais-je dans un écrit publié à l'occasion du projet
« devenu la loi de 1856, est en mesure, à l'aide de ses ingénieurs, de tracer des
« plans, d'indiquer les localités où les fossés évacuateurs devront être établis, la
« direction qu'il convient de leur faire suivre, de désigner les cours d'eau à recti-
« fier, etc. Son concours est d'autant plus nécessaire que souvent ces fossés devront,
« dans un intérêt bien entendu, passer du territoire d'une commune sur celui d'une
« autre. C'est lorsque ces plans seront mis sous les yeux des propriétaires que
« ceux-ci songeront sérieusement à se concerter, à se réunir, sous forme de
« syndicat ou de simple association, pour faire exécuter de grands travaux de drai-
« nage, etc.

« Si ces mesures ne sont pas prises par l'administration, qu'arrivera-t-il?

« Il est fort à craindre que le drainage ne reste une œuvre isolée, privilége d'un
« certain nombre de grands propriétaires ou de particuliers dont les propriétés avoi-
« sineraient des cours d'eau. Quant à ceux dont les fonds sont situés au milieu de
« nombreuses parcelles (et c'est le cas le plus ordinaire), à une certaine distance
« des cours d'eau, comment se décideraient-ils à créer à grands frais de longs cou-

Tel est, Monsieur le Préfet, le rapport que nous avons l'honneur de vous présenter au nom de la première section de la commission départementale. Il n'a pas tenu à sa bonne volonté que ce rapport ne fût plus complet. Mais pour étudier, à Londres, toutes les industries qui ont leurs similaires dans notre département, il eût fallu que la première section renfermât un plus grand nombre d'hommes appartenant à des spécialités diverses. Malgré les lacunes inévitables que nous avons dû laisser dans l'ensemble des études que vous nous avez confiées, j'ose espérer que, grâce au savant concours que m'ont prêté mes collègues,

---

« duits souterrains ou à ciel ouvert à travers les autres propriétés ? La dispropor-
« tion des dépenses, eu égard à l'avantage à obtenir, paralysera évidemment ces
« entreprises dans la plupart des cas ; et, dans les cas fort rares où quelques parti-
« culiers les exécuteront, n'est-il pas manifeste qu'agissant à leur point de vue ex-
« clusif, ils feront souvent des travaux qui ne pourront pas servir ensuite à d'autres, et
« qu'ainsi, pour drainer un climat, beaucoup de dépenses seront faites en pure
« perte, beaucoup de travaux seront mal ou imparfaitement exécutés ?

« Tel n'est pas le but de la loi de 1854. Les rédacteurs de cette loi ont parfai-
« tement compris que la grande difficulté du drainage, c'était l'écoulement des eaux,
« et que le moyen le plus efficace pour vaincre cette difficulté, c'était la création
« de grands évacuateurs par le concours des associations, des communes ou même
« des départements. Mais il ne se fera rien de sérieux, soyons-en bien convaincus,
« tant que le gouvernement n'aura pas vivifié le principe déposé dans cette loi, tant
« qu'il n'aura pas, dans un règlement d'administration publique, prescrit aux admi-
« nistrations départementales *de faire exécuter d'office, par leurs ingénieurs dans*
« *chaque commune où le drainage peut produire de bons effets, des plans d'éva-*
« *cuateurs généraux.*

« C'est lorsqu'ils auront vu les extraits de ces plans déposés dans les mairies, à
« côté de la matrice cadastrale, que les conseils municipaux, que les propriétaires
« de fonds situés dans tel ou tel climat pourront évaluer les dépenses à couvrir en
« commun, apprécier quelles seront les personnes intéressées à faire partie de la
« même association, et quelle pourra être la quote-part de chacun dans les frais gé-
« néraux des évacuateurs. C'est alors seulement qu'ils se décideront, les uns à voter
« des mesures, les autres à se réunir pour exécuter des travaux d'ensemble qui per-
« mettront à chaque particulier, aux petits comme aux grands propriétaires, quelle que
« soit la situation de leur bien, à profiter des deux lois que la sollicitude du gou-
« vernement a fait rendre pour favoriser l'une des plus grandes améliorations agri-
« coles que notre siècle ait vu se produire. — J.-B. Josseau, »

« 20 mai 1857. »

nos fabricants et nos industriels trouveront dans ce rapport, pour les industries qui y sont passées en revue, quelques renseignements utiles et un sujet d'encouragement à marcher plus résolûment que jamais dans la voie du progrès. C'est en unissant de plus en plus les lumières de la science aux leçons pratiques de l'expérience qu'ils parviendront à maintenir le rang distingué qu'ils occupent déjà dans l'ensemble de la production. Au milieu des luttes ardentes de la concurrence moderne, ils sauvegarderont ainsi leurs propres intérêts, en même temps qu'ils soutiendront l'honneur du département de Seine-et-Marne.

Le Vice-Président,

J.-B. JOSSEAU,

député au Corps législatif.